westermann

Diagnoseheft
Schulausgangsschrift

Erarbeitet von

Heike Baligand, Angelika Föhl,
Nadine Pistor und Elke Schnepf-Rimsa

in Zusammenarbeit mit der
Westermann-Grundschulredaktion

Illustriert von

Karoline Kehr und Silke Reimers

Karoline
Kehr

Flex und Flora
Deutsch

3

Liebe Lehrerin, lieber Lehrer,

das vorliegenden **Diagnoseheft** umfasst 20 lernbegleitende Diagnosen zur Feststellung des individuellen Lernfortschritts jedes Kindes bei der Arbeit mit Flex und Flora. Ein Kind bearbeitet einen Diagnosebogen immer dann, wenn es im jeweiligen Heft am Ende einer Einheit auf das Stopp-Zeichen ![Icon] trifft.

Mit den lernbegleitenden Diagnosen wird versucht, die Ursachen möglicher Schwächen im Lernprozess des Kindes herauszufinden und daraus gegebenenfalls notwendige Fördermaßnahmen abzuleiten.

Alle Seiten des Diagnoseheftes sind perforiert und gelocht. So können Sie jede Diagnose individuell an die Kinder verteilen. Nach der Bearbeitung können die Kinder dann die Seite mit nach Hause nehmen und gegebenenfalls in ihrem Portfolio-Ordner abheften.

Jede lernbegleitende Diagnose hat eine Vorder- und eine Rückseite. Auf der Vorderseite findet das Kind Aufgaben zur selbstständigen Bearbeitung. Die Aufgaben sind so gestaltet, wie die Kinder sie aus den Übungen in den Heften **Sprache untersuchen**, **Richtig schreiben**, **Texte schreiben** und **Lesen** bereits kennen.

Dies erleichtert den Kindern den Zugang zu den Aufgaben und nimmt ihnen anfängliche Unsicherheiten vor Überprüfungssituationen.

Die Kinder bearbeiten die einzelnen Diagnosebögen selbstständig. Die Bearbeitungszeit sollte in den Bereichen

> **Sprache untersuchen** ca. 10 Minuten,
> **Richtig schreiben** ca. 10 Minuten,
> **Texte schreiben** ca. 10-20 Minuten und
> **Lesen** ca. 15 Minuten

nicht überschreiten. Anschließend dokumentieren die Kinder, wie leicht oder schwer ihnen die Bearbeitung der Aufgaben gefallen ist, indem sie einen der Smileys unten auf dem Bogen ankreuzen oder ausmalen: ☺ ☺ ☺ ☹.

Dabei stehen die Smileys für eine Selbsteinschätzung der eigenen Arbeit:

☺ Ich konnte alle Aufgaben ohne Probleme lösen.
☺ Ich konnte fast alle Aufgaben ohne Probleme lösen.
☺ Bei einigen Aufgaben hatte ich Schwierigkeiten.
☹ Die Aufgaben waren noch zu schwierig für mich.

Auf der Rückseite jeder lernbegleitenden Diagnose haben Sie die Möglichkeit, eine Auswertung vorzunehmen. Dabei können Sie anhand einer dreistufigen Skala (sicher, teilweise, unsicher) den Lernstand des Kindes zuordnen bzw. vermerken, wenn eine Aufgabe nicht bearbeitet wurde. Zusätzlich gibt es ein Leerfeld, sodass Sie die Möglichkeit haben, dort eigene Kommentare und Hinweise, z. B. auf notwendige Fördermaßnahmen zu formulieren.

Nach Auswertung des jeweiligen Diagnosebogens bietet sich ein Lerngespräch mit dem einzelnen Kind an, in dem über die konkrete Weiterarbeit (Förder- und Fordermöglichkeiten) gesprochen wird. Die lernbegleitenden Diagnosen mit den Auswertungen können auch als Grundlage für Elterngespräche oder Förderkonferenzen genutzt und die darauf aufbauende Förderung so transparent gemacht werden.

In der Handreichung zu Flex und Flora finden Sie im Kapitel **Hilfen zur Diagnose** eine Klassenübersicht, in der Sie den Lernstand jedes Kindes dokumentieren können. Außerdem bietet das Kapitel eine ausführliche Auswertung der lernbegleitenden Diagnosen mit notwendigen Fördermaßnahmen.

Dabei wird neben umfangreichen Hinweisen auf die konkrete Arbeit mit den Materialien auch auf die Flex und Flora Förder-Kopiervorlagen verwiesen, die zu jedem Lernabschnitt die passenden Förderangebote enthalten.

Viel Erfolg und Freude bei der Arbeit mit dem Flex und Flora Diagnoseheft wünscht Ihnen

Ihr Flex und Flora Team

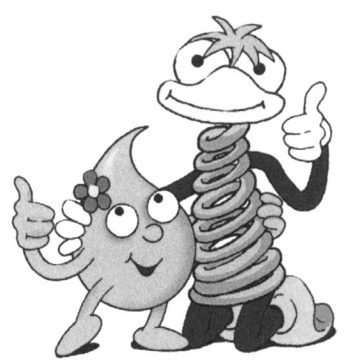

Inhaltsverzeichnis

Texte schreiben

Lesen

Lernbegleitende Diagnosen: Übersicht

Sprache untersuchen

Einheiten

S1	Nomen zusammensetzen und die Mehrzahl bilden
S2	Personalformen und Wortbausteine schreiben
S3	Adjektive und Zeichen der wörtlichen Rede verwenden
S4	Die Nomenprobe, Präsens und Präteritum nutzen
S5	Satzglieder, Subjekte und Prädikate erkennen

Richtig schreiben

Einheiten

R1	Wörter mit doppelten Mitlauten, ck und tz schreiben
R2	Verlängern
R3	Wörter mit i oder ie schreiben, Wörter ableiten
R4	Merkwörter mit Dehnungs-h und Merkwörter schreiben
R5	Wortfamilien und Nomen mit Wortbausteinen schreiben
R6	Wörter mit langen Selbstlauten und mit ß oder ss schreiben

Texte schreiben

T1	Eine Anleitung schreiben
T2	Eine Geschichte planen
T3	Einen Text überarbeiten
T4	Einen Brief schreiben und etwas beschreiben

Lesen

L1	Lesen üben mit Sätzen und Texten
L2	Eine Grafik lesen
L3	Einen Sachtext lesen
L4	Einen literarischen Text lesen
L5	Bücher lesen und vorstellen

S1 # Nomen zusammensetzen und die Mehrzahl bilden

1 Bilde zusammengesetzte Nomen. Schreibe sie mit bestimmtem Artikel.

2 Bilde zusammengesetzte Nomen. Schreibe.
Markiere den Buchstaben zwischen den beiden Nomen.

Glück + | Tag   Fee |

Sonne + | Brille   Hut |

3 Bilde die Mehrzahl. Ordne sie nach den Wortbausteinen am Ende. Schreibe.

| Ohr   Auto   Fisch   Kleid   Banane |

-er

-e

-s

-en

-n

4 Bei welchen Nomen verändert sich in der Mehrzahl der Selbstlaut? Markiere.

| Vogel   Lampe   Kopf   Buch   Gabel   Mantel   Socke   Katze   Bruder |

Nomen zusammensetzen und die Mehrzahl bilden

	sicher	teilweise	unsicher	nicht bearbeitet
Name: _____				
... kann zu Bildern zusammengesetzte Nomen bilden (Aufgabe 1).	▦	▦	▦	▦
... kann die bestimmten Artikel der zusammengesetzten Nomen schreiben (Aufgabe 1).	▦	▦	▦	▦
... kann aus Wörtern zusammengesetzte Nomen mit Fugenlaut bilden (Aufgabe 2).	▦	▦	▦	▦
... kann den Fugenlaut erkennen und markieren (Aufgabe 2).	▦	▦	▦	▦
... kann Nomen mit verschiedenen Mehrzahlendungen bilden und ordnen (Aufgabe 3).	▦	▦	▦	▦
... kann Nomen mit Umlautung in der Mehrzahl erkennen und markieren (Aufgabe 4).	▦	▦	▦	▦

Kommentar/Hinweise:

Detaillierte Hinweise auf mögliche Fördermaßen finden
sich in der Handreichung im Kapitel *Hilfen zur Diagnose*.

KV 19–23
Fö 20–27

Illustration: Karoline Kehr

S2

Personalformen und Wortbausteine schreiben

1 Schreibe die Personalformen der Verben in die Tabelle.

	laufen	essen	sein	haben
ich				
du				
er				

2 Bilde neue Verben mit den Wortbausteinen **ab**-, **an**-, **vor**-, **ver**-. Schreibe.

lesen

geben

laufen

3 Setze die Personalformen der Verben von Aufgabe 2 passend ein.

Wir sollen Kindern, die ihr Frühstück vergessen haben, etwas [   ] .

Ich [   ] Tom ein Stück Apfel [   ] .

Wir dürfen auf der Wanderung nicht so weit [   ] .

Nur der Hund unserer Lehrerin [   ] immer ganz weit [   ] .

9

Personalformen und Wortbausteine schreiben

Name:	sicher	teilweise	unsicher	nicht bearbeitet
... kann zu Verben Personalformen mit Veränderungen im Wortstamm bilden (Aufgabe 1).				
... kann die Personalformen der Verben **sein** und **haben** bilden (Aufgabe 1).				
... kann Verben mit vorangestellten Wortbausteinen bilden (Aufgabe 2).				
... kann Verben mit Wortbausteinen semantisch passend in Sätze einsetzen (Aufgabe 3).				
... kann Verben mit Wortbausteinen trennen und in Sätze einsetzen (Aufgabe 3).				

Kommentar / Hinweise:

Detaillierte Hinweise auf mögliche Fördermaßen finden sich in der Handreichung im Kapitel *Hilfen zur Diagnose*.

KV 24–29
Fö 28–36

Illustration: Karoline Kehr

Adjektive und Zeichen der wörtlichen Rede verwenden

1 Schreibe die fehlenden Formen der Adjektive.

Grundform	1. Vergleichsstufe	2. Vergleichsstufe
schnell	noch _____	_____
_____	noch *kälter*	_____
_____	noch _____	*am heißesten*

2 Setze das Adjektiv **hoch** in den passenden Formen mit **als** oder **wie** ein.

Das Haus ist genauso _____ _____ der Baum.

Der Kirchturm ist _____ _____ das Haus.

Der Wolkenkratzer ist _____ .

Der Wolkenkratzer ist _____ _____ das Haus.

3 Setze die Zeichen der wörtlichen Rede und die Satzzeichen.
Unterstreiche die Begleitsätze **blau** und die wörtliche Rede **rot**.

Mama fragt ☐ ☐ Was machst du heute Nachmittag ☐ ☐

Nina antwortet ☐ ☐ Ich treffe mich mit Sarah auf dem Spielplatz ☐ ☐

Mama ruft ☐ ☐ Vergiss deine Handschuhe nicht ☐ ☐

11

Adjektive und Zeichen der wörtlichen Rede verwenden

Name:	sicher	teilweise	unsicher	nicht bearbeitet
... kann Grundformen und Vergleichsstufen von Adjektiven bilden (Aufgabe 1).				
... kann Adjektive in den passenden Formen in Sätze einsetzen (Aufgabe 2).				
... kann die Vergleichswörter als und wie in Sätze einsetzen (Aufgabe 2).				
... kann die Zeichen der wörtlichen Rede setzen: Doppelpunkt, Redezeichen (Aufgabe 3).				
... kann Satzschlusszeichen setzen (Aufgabe 3).				
... kann Begleitsätze und wörtliche Rede unterscheiden (Aufgabe 3).				

Kommentar / Hinweise:

Detaillierte Hinweise auf mögliche Fördermaßen finden
sich in der Handreichung im Kapitel *Hilfen zur Diagnose*.

KV 30–36
Fö 37–46

Illustration: Karoline Kehr

S4 Die Nomenprobe, Präsens und Präteritum nutzen

1 Mache die Nomenprobe mit Adjektiv im Kopf.
Markiere in jeder Zeile die vier Nomen und verbessere sie.

| auch | freude | stört | gestern | sommer | langeweile | froh | von | traum |

| schläft | wut | hell | spannung | groß | trinkt | idee | kinder | über |

2 Schreibe die Verben im Präteritum passend zu den Personen.

a)

Präsens –   Präteritum

wir kaufen – [_____]

er sagt – [_____]

ich spiele – [_____]

b)

Präsens –   Präteritum

er fährt – [_____]

ich renne – [_____]

wir sind – [_____]

3  Woran erkennst du, ob etwas heute passiert oder früher passierte?
Markiere die Wörter. Setze passende Verben im Präsens oder Präteritum ein.

Früher [_____] ich immer Milch. Heute [_____] ich

gern Saft. Vor 5 Jahren [_____] ich in den Kindergarten.

Jetzt [_____] ich in die Schule.

© Westermann Gruppe

Illustrationen: Karoline Kehr (Flora, Flex), Silke Reimers (Kind)

13

Die Nomenprobe, Präsens und Präteritum nutzen

Name:	sicher	teilweise	unsicher	nicht bearbeitet
... kann Abstrakta mit einer Nomenprobe identifizieren (Aufgabe 1).				
... kann regelmäßige Verben ins Präteritum setzen (Aufgabe 2).				
... kann unregelmäßige Verben ins Präteritum setzen (Aufgabe 2).				
... kann Signalwörter für Präsens und Präteritum in Sätzen erkennen und markieren (Aufgabe 3).				
... kann entsprechend der Signalwörter Verben im Präsens einsetzen (Aufgabe 3).				
... kann entsprechend der Signalwörter Verben im Präteritum einsetzen (Aufgabe 3).				

Kommentar / Hinweise:

Detaillierte Hinweise auf mögliche Fördermaßen finden sich in der Handreichung im Kapitel *Hilfen zur Diagnose*.

KV 41–48
Fö 50–61

Illustration: Karoline Kehr

Satzglieder, Subjekte und Prädikate erkennen

S5

1 Bilde einen Satz und eine Frage.

| Viele | Kinder | spielen | auf | dem | Schulhof. |

_____

_____

2 Welche Wörter von Aufgabe 1 bleiben beim Umstellen zusammen?
Kreise ein.

3 Unterstreiche in den Sätzen die Prädikate rot.

Mein Opa sägt in unserem Garten.
Die Baumstämme liegen im Gras.
Oma schneidet ein Stück Kuchen ab.
Die Kinder essen den ganzen Kuchen auf.

Was tut jemand?
Was geschieht?

4 Unterstreiche in den Sätzen die Subjekte blau.

Der Bauer füttert die Tiere.
Ein kleines Kind blättert im Bilderbuch.
Auf dem Fußboden liegt mein Lieblingsstift.
Im Sandkasten buddelt das Mädchen.

Wer oder was ...?

© Westermann Gruppe

Satzglieder, Subjekte und Prädikate erkennen

	sicher	teilweise	unsicher	nicht bearbeitet
Name:				
... kann aus einem Satz einen anderen Satz und eine Frage bilden (Aufgabe 1).				
... kann Satzglieder mithilfe der Umstellprobe bestimmen (Aufgabe 2).				
... kann einfache Prädikate bestimmen (Aufgabe 3).				
... kann mehrteilige Prädikate bestimmen (Aufgabe 3).				
... kann einfache Subjekte am Satzanfang bestimmen (Aufgabe 4).				
... kann Subjekte bestimmen, die aus mehreren Wörtern bestehen (Aufgabe 4).				
... kann Subjekte am Ende von Sätzen bestimmen (Aufgabe 4).				

Kommentar / Hinweise:

Detaillierte Hinweise auf mögliche Fördermaßen finden sich in der Handreichung im Kapitel *Hilfen zur Diagnose*.

KV 49–52
Fö 62–66

Illustration: Karoline Kehr

R1 # Wörter mit doppelten Mitlauten, ck und tz schreiben

1 Setze doppelte oder einfache Mitlaute ein. Zeichne Silbenbögen.
Schreibe _ oder . unter den Selbstlaut in der ersten Silbe.

Ich suche meine (l/ll) Bri_____e. In meinem (m/mm) Zi_____er ist sie nicht.

In der (l/ll) Schu_____e hatte ich sie noch. Also (n/nn) re_____e ich zurück

und gehe zum Hausmeister. Lachend (l/ll) hä_____t er sie mir hin.

2 Setze die Verben in der passenden Form in die Sätze ein.

fallen	Heute _____ Mama uns Kuchen backen.
lassen	Ich _____ begeistert mit meiner Schwester.
beginnen	Sie wiegt das Mehl ab. Da _____ die Tüte vom Tisch.

3 Setze **ck** oder **tz** in die Grundform der Verben ein.
Ergänze die Sätze mit dem Verb in der passenden Personalform.

stri [____] en   Opa [_____] einen Schal.

si [____] en   Lisa [_____] auf einem Baumstamm.

schwi [____] en   Tom [_____] in der Sonne.

pi [____] en   Der Spatz [_____] einige Körner.

© Westermann Gruppe

Illustrationen: Karoline Kehr (Flora),
Silke Reimers

Wörter mit doppelten Mitlauten, ck und tz schreiben

	sicher	teilweise	unsicher	nicht bearbeitet
Name: _____				
... kann doppelte oder einfache Konsonanten richtig in Wörter einsetzen (Aufgabe 1).				
... kann Silbenbögen richtig zeichnen (Aufgabe 1).				
... kann die Vokallänge in der ersten Silbe der Wörter markieren. (Aufgabe 1).				
... kann Personalformen der Verben bilden und semantisch passend in Sätze einfügen (Aufgabe 2).				
... kann das Prinzip der Stammschreibung in der Personalform beachten (Aufgabe 2).				
... kann Verben mit tz und ck in der Grundform schreiben. (Aufgabe 3)				
... kann das Prinzip der Stammschreibung in der Personalform beachten. (Aufgabe 3).				

Kommentar / Hinweise:

18 Detaillierte Hinweise auf mögliche Fördermaßen finden sich in der Handreichung im Kapitel *Hilfen zur Diagnose*.

KV 68–74
Fö 82–90

Illustration: Karoline Kehr

R2 # Verlängern

1 Bilde zu den Adjektiven die 1. Vergleichsstufe.
Schreibe sie dann mit **b** oder **p**, **g** oder **k**, **d** oder **t**.

verlängern
1. Vergleichsstufe   darum schreibt man

tau**?**   _____   _____

klu**?**   _____   _____

har**?**   _____   _____

wüten**?** _____   _____

2 Verlängere die Wörter.
Bilde die Mehrzahl, die **wir**-Form oder die 1. Vergleichsstufe.
Schreibe das verlängerte Wort.
Setze dann **b** oder **p**, **d** oder **t**, **g** oder **k** in die Wörter ein.

An meiner Wan____ hän____t ein Poster.   _____, _____

Es ist ein Bil____ von meinem Pfer____.   _____, _____

Toni ist sehr lie____ und ma____ mich.   _____, _____

Mein Bruder sa____t, es stin____t.   _____, _____

Ich finde es blö____, dass er so den____t.   _____, _____

	sicher	teilweise	unsicher	nicht bearbeitet
Name: _____				
... kann durch Bilden der ersten Vergleichsstufe bei Adjektiven die Schreibung des Auslautes bestimmen (Aufgabe 1).				
... kann durch die Rechtschreibstrategie **Verlängern** zur richtigen Schreibung gelangen (Aufgabe 2):				
☐ Verben verlängern.				
☐ Nomen verlängern.				
☐ Adjektiven verlängern.				

Kommentar / Hinweise:

Detaillierte Hinweise auf mögliche Fördermaßen finden sich in der Handreichung im Kapitel *Hilfen zur Diagnose*.

KV 75–77
Fö 91–94

Illustration: Karoline Kehr

R3

Wörter mit i oder ie schreiben, Wörter ableiten

1 Setze **i** oder **ie** in der passenden Personalform in die Verben ein.

sp**?**len	Mein Bruder ☐☐☐☐☐☐☐☐ mit Opa Federball.
g**?**ßen	Unser Nachbar ☐☐☐☐☐☐☐☐ seine Blumen.
s**?**ngen	Dabei ☐☐☐☐☐☐☐☐ er fröhlich ein Lied.
l**?**gen	Mama ☐☐☐☐☐☐☐☐ auf einem Handtuch in der Sonne.
spr**?**ngen	Unsere Katze ☐☐☐☐☐☐☐☐ mit einem Satz auf den Baum.

2 Leite die **fett** gedruckten Wörter ab.
Kreuze die Wortart an und nutze die Strategie.
Setze dann die richtigen Buchstaben ein.

	Nomen Einzahl	Verben wir-Form	Adjektive Grundform
Lennart trifft seine (äu/eu) **Fr____nde**.	☐	☐	☐
Ole (ä/e) **d____ckt** den Tisch.	☐	☐	☐
Es ist (ä/e) **w____rmer** als gestern.	☐	☐	☐
Mia (ä/e) **f____ngt** den Ball.	☐	☐	☐
Die (äu/eu) **R____me** in der Schule sind hoch.	☐	☐	☐

© Westermann Gruppe

Illustrationen: Karoline Kehr (Flora, Flex), Silke Reimers (Gartenszene)

Wörter mit i oder ie schreiben, Wörter ableiten

	sicher	teilweise	unsicher	nicht bearbeitet
Name: _____				
… kann Wörter mit **i**-Laut semantisch passend in Sätze einsetzen (Aufgabe 1).				
… kann die Länge des **i**-Lauts in Wörtern richtig bestimmen und die Wörter richtig schreiben (Aufgabe 1).				
… kann durch die Rechtschreibstrategie **Ableiten** zur richtigen Schreibung gelangen (Aufgabe 2):				
☐ Verben ableiten.				
☐ Adjektive ableiten.				
☐ Nomen ableiten.				

Kommentar / Hinweise:

Detaillierte Hinweise auf mögliche Fördermaßen finden sich in der Handreichung im Kapitel *Hilfen zur Diagnose*.

KV 78–83
Fö 95–102

Illustration: Karoline Kehr

Merkwörter mit Dehnungs-h und Merkwörter schreiben

1 Schreibe die Merkwörter mit Dehnungs-h mit Artikel.

2 Finde den Fehler in jeder Zeile.
Streiche die falschen Wörter durch.
Schreibe die Wörter richtig.

Auch heute wird noch viel Mel gemahlen.

Allerdings passiert dies in modernen Mülen.

Von außen werdet ir sie kaum erkennen.

Sie äneln eher einer Fabrik als einer Mühle.

3 Schreibe die Merkwörter mit Artikel.

23

Merkwörter mit Dehnungs-h und Merkwörter schreiben

Name:	sicher	teilweise	unsicher	nicht bearbeitet
... kann Nomen mit Dehnungs-h zu Bildern richtig schreiben (Aufgabe 1).				
... kann Fehler in einem Satz erkennen. (Aufgabe 2)				
... kann Wörter mit Dehnungs-h verbessern. (Aufgabe 2)				
... kann Nomen mit den Konsonanten **x**, **V** und **y** zu Bildern richtig schreiben (Aufgabe 3).				

Kommentar / Hinweise:

24 Detaillierte Hinweise auf mögliche Fördermaßen finden
sich in der Handreichung im Kapitel *Hilfen zur Diagnose*.

KV 84–92
Fö 103–113

Illustration: Karoline Kehr

Wortfamilien und Nomen mit Wortbausteinen schreiben

1 Ergänze in den Sätzen den Wortstamm **Steck/steck**.

In unserem Garten gibt es ein geheimes Ver[_____].

Mit [_____]würfeln baue ich einen hohen Turm.

Ich bleibe heute zu Hause, damit ich dich nicht an[_____]e.

2 Markiere in den Wörtern die Wortstämme.
Schreibe die Wörter nach Wortfamilien geordnet.

laufen	nähen	Laufrad	Autositz
besitzen	laufend	Naht	Sitzecke	nahtlos

Wortfamilie laufen	Wortfamilie sitzen	Wortfamilie nähen
[_____]	[_____]	[_____]
[_____]	[_____]	[_____]
[_____]	[_____]	[_____]

3 Drei Wörter sind falsch geschrieben.
Streiche sie durch. Schreibe die Wörter richtig.

flüssig Freiheit hoffnung einsamkeit Wahrheit Höflichkeit gesundheit

Wortfamilien und Nomen mit Wortbausteinen schreiben

	sicher	teilweise	unsicher	nicht bearbeitet
Name: _____				
… kann einen Wortstamm richtig in Wörter einsetzen (Aufgabe 1).				
… kann in Wörtern den Wortstamm einer Wortfamilie erkennen und markieren (Aufgabe 2).				
… kann Wörter nach Wortfamilien geordnet schreiben und dabei den Wortstamm für die richtige Schreibung nutzen (Aufgabe 2).				
… kann Fehler bei Nomen mit den Wortbausteinen **-ung**, **-heit**, **-keit** erkennen (Aufgabe 3).				

Kommentar / Hinweise:

Detaillierte Hinweise auf mögliche Fördermaßen finden
sich in der Handreichung im Kapitel *Hilfen zur Diagnose*.

KV 93−97
Fö 114−121

Illustration: Karoline Kehr

R6 Wörter mit langen Selbstlauten, ß oder ss schreiben

1 Ergänze die Sätze. Schreibe die passenden Nomen mit langen Selbstlauten.

Im Winter fällt oft [_____] .

Ich kämme meine [_____] .

Henri presst eine [_____] aus.

Die [_____] ist ganz schön laut.

2 Sprich die Wörter halblaut. Zeichne Silbenbögen unter die Wörter.
Schreibe _ oder . unter den Selbstlaut in der ersten Silbe.

grüßen	Klasse	Straße	riesig	fassen	fleißig

3 ß oder ss? Verlängere die Wörter. Schreibe.

	verlängern →	darum schreibt man
die Nu**?**	[_____]	[_____]
der Fu**?**	[_____]	[_____]
sü**?**	[_____]	[_____]
es pa**?**t	[_____]	[_____]

Illustrationen: Karoline Kehr (Flora, Flex);
Silke Reimers (Schnee, Haare, Zitrone, Maschine)

Wörter mit langen Selbstlauten, ß oder ss schreiben

	sicher	teilweise	unsicher	nicht bearbeitet
Name: _____				
… kann Merkwörter mit den langen Vokalen **oo**, **ee**, **aa** und **i** richtig in Sätze einsetzen (Aufgabe 1).				
… kann Silbenbögen unter Wörter mit **ß** und **ss** zeichnen (Aufgabe 2).				
… kann Vokallängen in der ersten Silbe bei Wörtern mit **ß** und **ss** markieren (Aufgabe 2).				
… kann durch die Rechtschreibstrategie **Verlängern** zur richtigen Schreibung bei Wörtern mit **ß** und **ss** gelangen (Aufgabe 3):				
☐ Verben verlängern.				
☐ Nomen verlängern.				
☐ Adjektiven verlängern.				

Kommentar / Hinweise:

Detaillierte Hinweise auf mögliche Fördermaßen finden sich in der Handreichung im Kapitel *Hilfen zur Diagnose*.

KV 98–102
Fö 122–130

Illustration: Karoline Kehr

T1 Eine Anleitung schreiben

1 Schau die Bilder an. Ordne die Textteile.
Schreibe die richtige Reihenfolge **A B C D E** in die Kreise.

◯ Münze beginnt zu tanzen

◯ Glasflasche aus dem Kühlschrank holen

◯ beide Hände um den Flaschenhals legen

◯ leere Glasflasche über Nacht in den Kühlschrank stellen

◯ Münze auf die Flaschenöffnung legen

2 Schreibe die Materialliste und die Anleitung richtig.

Die tanzende Münze

Du brauchst: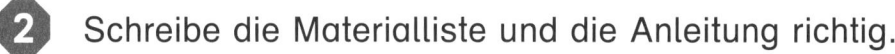

Zuerst stellst du

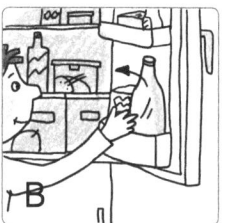

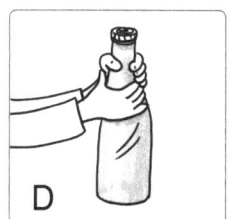

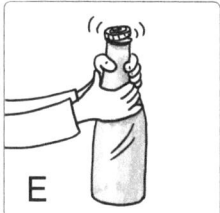

T1 Eine Anleitung schreiben

	sicher	teilweise	unsicher	nicht bearbeitet
Name: _____				
… kann Bildern Textteile zuordnen und so Textteile in die richtige Reihenfolge bringen (Aufgabe 1).				
… kann eine Materialliste aufschreiben. (Aufgabe 2).				
… kann eine Anleitung				
☐ in der richtigen Reihenfolge,				
☐ mit vollständigen Sätzen,				
☐ mit abwechslungsreichen Satzanfängen				
schreiben (Aufgabe 2).				

Kommentar / Hinweise:

Detaillierte Hinweise auf mögliche Fördermaßen finden sich in der Handreichung im Kapitel *Hilfen zur Diagnose*.

KV 116–118
Fö 142–144

Illustration: Karoline Kehr

T2

Eine Geschichte planen

1 Schau das Bild an.
Schreibe Ideen für deine Geschichte.
Nutze den roten Faden.

Wer ist die Hauptfigur?	
Wo spielt die Geschichte?	
Welches Problem gibt es?	
Wie fühlt sich die Hauptfigur?	
Was passiert dann?	
Wie endet die Geschichte?	

T2 Eine Geschichte planen

	sicher	teilweise	unsicher	nicht bearbeitet
Name: _____				
… kann mithilfe eines Bildes Schreibideen sammeln (Aufgabe 1).				
… kann Ideen für eine Geschichte mit dem roten Faden strukturieren (Aufgabe 1).				

Kommentar / Hinweise:

Detaillierte Hinweise auf mögliche Fördermaßen finden
sich in der Handreichung im Kapitel *Hilfen zur Diagnose*.

KV 120 – 122
Fö 146 – 149

Illustration: Karoline Kehr

Einen Text überarbeiten

1 Lies den Text.

Heute machen wir eine Nachtwanderung und alle gehen mit.

Wir gehen durch den dunklen Park.

Da geht Lisa über einen Stein und fällt fast hin.

Da hören wir ein unheimliches Geräusch. Einige Kinder bekommen Angst.

Wenn ich etwas im Keller holen muss, habe ich auch Angst.

Die Kellertreppe knarrt immer so unheimlich.

Es ist aber nur der Wind, der in den Bäumen rauscht.

Da geht Ruben ganz nah an mich heran und und ruft: „Huuuuhuuuuh".

Damit kann er mich nicht erschrecken. Mich doch nicht. Ich bleibe cool.

2 Überarbeite den Text:
a) Ersetze gleiche Satzanfänge. Schreibe zwischen die Zeilen.
b) Welches Verb kommt häufig vor? Markiere es. Ersetze es an zwei Stellen durch andere Verben. Schreibe zwischen die Zeilen.
c) Streiche zwei unpassende Sätze durch.
d) Finde eine passende Überschrift. Schreibe sie über den Text.

© Westermann Gruppe

Illustrationen: Karoline Kehr (Flex und Flora),
Silke Reimers (Nachtszene)

33

T3 Einen Text überarbeiten

Name:	sicher	teilweise	unsicher	nicht bearbeitet
… kann sich wiederholende Satzanfänge korrigieren (Aufgabe 2a).				
… kann Verben passend ersetzen (Aufgabe 2b).				
… kann unpassende Sätze erkennen (Aufgabe 2c).				
… kann eine passende Überschrift finden (Aufgabe 2d).				

Kommentar / Hinweise:

Detaillierte Hinweise auf mögliche Fördermaßen finden sich in der Handreichung im Kapitel *Hilfen zur Diagnose*.

KV 123–127
Fö 150–159

Illustration: Karoline Kehr

T4

Einen Brief schreiben und etwas beschreiben

1 Emre schreibt einen Brief an seine Oma.
Sie soll ihm ein Kuscheltier nähen.

a) Denke an Ort und Datum, die Anrede mit Komma
und den Gruß mit Unterschrift.

b) Beschreibe genau, wie Emre sich das Monster vorstellt.

_____   _____

nähst du mir zum Geburtstag ein

lustiges Kuscheltier? Das wünsche ich

mir so sehr. So soll es aussehen: Es

hat

Einen Brief schreiben und etwas beschreiben

	sicher	teilweise	unsicher	nicht bearbeitet
Name: _____				
... kann den Ort und das Datum ergänzen (Aufgabe 1a).				
... kann eine Anredeformel richtig verwenden (Aufgabe 1a).				
... kann eine Grußformel und die Unterschrift ergänzen (Aufgabe 1a).				
... kann eine detailgetreue Beschreibung verfassen (Aufgabe 1b).				

Kommentar / Hinweise:

Detaillierte Hinweise auf mögliche Fördermaßen finden sich in der Handreichung im Kapitel *Hilfen zur Diagnose*.

KV 130−135
Fö 163−172

Illustration: Karoline Kehr

Lesen üben mit Sätzen und Texten

1 Lies den Text. In jedem Satz passt ein Wort nicht.
Streiche es durch.

Sonntagsausflug

Am Bruno Sonntag ist es warm und die Sonne scheint.

Leo will mit seiner Familie wartet ins Schwimmbad gehen.

Er darf einen Freund mitnehmen und ruft Bruno an schon.

Zum Glück hat Bruno am Zeit und sie verabreden sich vor dem Schwimmbad.

Leo packt noch schnell seine Eingang Schwimmsachen und dann geht es los.

2 Schreibe die Stolperwörter von Aufgabe 1. Lies den Satz.

3 Lies den Text genau.
Was bedeutet das Quatschwort. Kreuze an.

Sophia isst am liebsten die Linteln, die ihre Mutter macht.

Oma macht manchmal Käse, Paprika und Salami in die Linteln.

Das schmeckt Sophia nicht so gut. Sie mag lieber süße Linteln.

Bald hat Sophie Geburtstag und will Linteln mit in die Schule nehmen.

Das sollen dunkle Linteln mit Schokoladenstückchen sein.

Sie muss 24 Linteln backen. Dafür braucht sie 24 Förmchen für Linteln.

Linteln sind ☐ Nudeln. ☐ Eiscreme. ☐ Muffins.

Lesen üben mit Sätzen und Texten

	sicher	teilweise	unsicher	nicht bearbeitet
Name: _____				
… kann syntaktisch unpassende Wörter in einem Text finden (Aufgabe 1).	▢	▢	▢	▢
… kann einen Satz aus den Stolperwörtern schreiben (Aufgabe 2).	▢	▢	▢	▢
… kann ein Fantasiewort aus dem Textzusammenhang erschließen und einen Text sinnverstehend lesen (Aufgabe 3).	▢	▢	▢	▢

Kommentar / Hinweise:

Detaillierte Hinweise auf mögliche Fördermaßen finden
sich in der Handreichung im Kapitel *Hilfen zur Diagnose*.

KV 146–156
Fö 180–190

Illustration: Karoline Kehr

L2

Eine Grafik lesen

1 Schau die Wetterkarte an. Lies die Wettervorhersage.

 sonnig

 wolkig

 bedeckt

 leichter Regen

 starker Regen

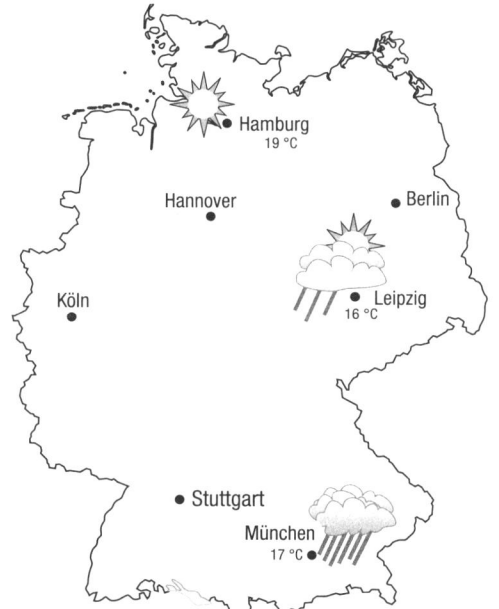

Wettervorhersage

In **Hannover** ist es sonnig. Die Temperatur liegt bei 18 °C.

Die Temperatur in **Berlin** liegt bei 15 °C. Es ist bedeckt und es regnet stark.

In **Köln** und **Stuttgart** ist es bei 20 °C wolkig. Leichter Regen ist zu erwarten.

2 Trage die passenden Symbole und die Temperaturen in die Karte ein.

3 Lies und schreibe die fehlenden Informationen.

a) In Leipzig ist es _____. Es fällt _____.

b) Die niedrigste Temperatur an diesem Tag ist in _____.

c) Hier braucht man keinen Schirm: _____, _____.

      39

L2 Eine Grafik lesen

	sicher	teilweise	unsicher	nicht bearbeitet
Name: _____				
… kann einem Text Informationen entnehmen und in eine Wetterkarte übertragen (Aufgabe 1 und 2).				
… kann einer Wetterkarte Informationen entnehmen und aufschreiben (Aufgabe 3a und 3b).				
… kann die richtige Temperaturangabe schreiben. (Aufgabe 3b)				
… kann Informationen einer Grafik nutzen. (Aufgabe 3c)				

Kommentar / Hinweise:

Detaillierte Hinweise auf mögliche Fördermaßen finden sich in der Handreichung im Kapitel *Hilfen zur Diagnose*.

KV 158–160
Fö 192–195

Illustration: Karoline Kehr

Einen Sachtext lesen

1 Lies die Überschriften und die Textabschnitte.

Verpuppung	Wie schlüpft das Tagpfauenauge?
Ablage der Eier	Vom Ei zur Raupe

Das Tagpfauenauge

⬤

1 Das Weibchen legt die befruchteten Eier
2 auf der Unterseite von Brennnesselblättern ab.

3 Aus den Eiern schlüpfen die Raupen. Sobald die Raupe geschlüpft ist,
4 beginnt sie zu fressen. Sie wird immer größer und dicker.

5 Die Raupe häutet sich mehrmals. Dann hängt sie sich an einen Ast und
6 fängt an, sich zu verpuppen. Die Raupe entwickelt sich zum Falter.

⬤

7 Ist der Falter fertig entwickelt, platzt die Puppenhülle auf.
8 Ein schönes Tagpfauenauge schlüpft, trocknet seine Flügel und fliegt los.

2 Schreibe die Zwischenüberschriften über die passenden Absätze im Text.

3 In welcher Zeile im Text steht der Name des Schmetterlings? Zeile: _____

© Westermann Gruppe

Illustrationen: Karoline Kehr (Flora);
Silke Reimers (Schmetterling)

41

L3 Einen Sachtext lesen

	sicher	teilweise	unsicher	nicht bearbeitet
Name: _____				
... kann Zwischenüberschriften Textabschnitten zuordnen (Aufgabe 1 und 2).				
... kann eine Information im Text finden und eine Zeilenangabe machen (Aufgabe 3).				

Kommentar / Hinweise:

Detaillierte Hinweise auf mögliche Fördermaßen finden
sich in der Handreichung im Kapitel *Hilfen zur Diagnose*.

KV 166–170
Fö 200–204

Illustration: Karoline Kehr

Illustrationen: Karoline Kehr (Flora), Silke Reimers (Monster); Text: Die schönsten Erstlesegeschichten von Cornelia Funke, Fischer Taschenbuch Verlag, Frankfurt am Main, Juni 2002

Name: _____   Datum: _____

Einen literarischen Text lesen

1 Lies die Überschrift und schau dir das Bild an.
Was könnte in der Geschichte passieren? Überlege.

2 Lies die Geschichte.

Das Monster im Kühlschrank
von Cornelia Funke

1 Mitten in der Nacht wurde Leo davon wach,

2 dass er mörderischen Durst hatte. Verschlafen tastete er sich

3 in die dunkle Küche, öffnete die Kühlschranktür – und erstarrte.

4 „Mach sofort die Tür zu!", sagte eine ekelhafte Stimme.

5 „Aber ein bisschen plötzlich!" Zwischen der Wurst und dem Pudding

6 saß ein Monster. Ein scheußlich gelbes Monster mit schwarzen

7 Tigerstreifen und einem breiten Maul voller nagelspitzer Zähne.

8 In der einen Tatze hielt es Leos Lieblingswurst, in der anderen eine Gurke.

9 „Na, da staunst du, was?", grunzte es und rülpste.

10 Aber jetzt hast du genug geglotzt. Tür zu aber dalli!"

11 Leo konnte keinen Finger rühren. Wie angefroren stand er da und starrte

12 das schmatzende Ding an. Das Monster kicherte. „Du Zwerg hast wohl

13 noch nie ein Kühlschrankmonster zu Gesicht bekommen, was?"

14 Es steckte einen schuppigen Arm in die Puddingschüssel

15 und leckte sich genüsslich die Finger ab. „Hm, nicht schlecht.

16 Hier lässt's sich aushalten. Aber jetzt Ende der Vorstellung!"

43

17 Zack! Warf es Leo den Rest von der Gurke an den Kopf

18 und zog die Kühlschranktür von innen zu.

19 Leo drehte sich um und tappte ins Schlafzimmer seiner Eltern.

20 „In unserem Kühlschrank ist ein Monster", sagte er.

21 „Schon gut. Geh wieder ins Bett", murmelte seine Mutter.

22 „Du hast schlecht geträumt."

23 Leo zuckte die Schultern und ging zurück in die Küche. Von außen sah

24 die Kühlschranktür ganz friedlich aus. Leo öffnete nochmal die Tür.

25 „Du schon wieder!", schnauzte das Monster.

26 „Geh endlich ins Bett, du Zwerg!"

27 Mit einem Satz hopste es dem entsetzten Leo vor die Füße.

28 „Mach's gut, Zwerg", grölte es und strich mit vierzehn klebrigen Fingern

29 über Leos nackte Zehen. „Bis irgendwann mal!"

30 Dann durchquerte es mit ein paar plumpen Hüpfern die Küche,

31 zog sich am Fensterbrett hoch, öffnete das Fenster und –

32 hopste in die Dunkelheit hinab.

33 Leo lief zum Fenster und sah hinaus. Nichts. Nur der Mond

34 am schwarzen Himmel. Also schloss er den leer gefressenen Kühlschrank

35 und kroch zurück in sein Bett. Dort fiel ihm ein, dass er immer noch nichts

36 getrunken hatte. Egal, zum Kühlschrank würde er nicht nochmal gehen.

37 „Sie werden bestimmt sagen, ich war's", dachte er noch.

38 Dann schlief er wieder ein. *(gekürzt)*

Illustration: Karoline Kehr
Text: Die schönsten Erstlesegeschichten von
Cornelia Funke, Fischer Taschenbuch Verlag,
Frankfurt am Main, Juni 2002

L4 Einen literarischen Text lesen

3 Arbeite mit den Fachbegriffen.

a) Unterstreiche im Text den Namen der Autorin.

b) Markiere den Titel der Geschichte.

c) Schreibe auf, wie viele Zeilen der Text hat.

4 Was für eine Geschichte ist **Das Monster im Kühlschrank**? Kreuze an.

☐ ein Gedicht   ☐ ein Sachtext

☐ ein Comic   ☐ eine Fantasiegeschichte

5 Markiere auf Seite 43 die drei Sätze im Text, in denen du etwas über das Aussehen des Monsters erfährst.

6 Leo denkt am Ende der Geschichte: „Sie werden bestimmt sagen, ich war's.". Warum denkt er so? Begründe deine Meinung. Schreibe.

_____

_____

_____

_____

Einen literarischen Text lesen

	sicher	teilweise	unsicher	nicht bearbeitet
Name:				
... kann Fachbegriffe für Geschichten anwenden (Aufgabe 3).				
☐ Autorin				
☐ Titel				
☐ Zeilen				
... kann eine Textsorte erkennen (Aufgabe 4).				
... kann Informationen an verschiedenen Stellen in einem Text finden und markieren (Aufgabe 5).				
... kann sich in eine Figur hineinversetzen und zu den Gedanken einer Figur Stellung beziehen (Aufgabe 6).				

Kommentar / Hinweise:

Detaillierte Hinweise auf mögliche Fördermaßen finden sich in der Handreichung im Kapitel *Hilfen zur Diagnose*.

KV 171 – 175
Fö 205 – 207

Illustration: Karoline Kehr

L5

Bücher lesen und vorstellen

1 Lies die Texte und schau dir die Cover an.
Welcher Text stammt aus welchem Buch? Schreibe **A B C D** in die Kreise.

Bellt er jetzt aus Übermut oder Freude oder Wut? Oder aber bellt der Hund wieder ohne jeden Grund?

Es war einmal ein kleines Mädchen, das hatte jeder lieb, der es kannte. Am allerliebsten aber hatte es seine Großmutter. Einmal schenkte sie ihm ein Käppchen aus rotem Samt.

Das laute Donnern von Brettern übertönte Peters weitere Worte. Die drei ??? drehten sich um. Direkt vor Onkel Titus' Nase war der Rest des Holzzauns nach außen umgefallen.

Obwohl die Krankheitserreger so winzig sind, dass wir sie mit bloßem Auge nicht sehen, können sie richtig gefährlich werden!

 A

 B

 C

D

2 Ordne die Bücher von Aufgabe 1 den Begriffen zu.
Schreibe **A B C D** in die Kreise.

 Sachbuch  Märchenbuch  Kinderroman  Gedichtsammlung

Illustration: Karoline Kehr (Flora); Cover/Texte: ARENA Verlag, Würzburg: Jacob und Wilhelm Grimm: Die schönsten Märchen der Brüder Grimm. Coverillustration von: Silvio Neuendorf @ 2024 ARENA Verlag GmbH, Würzburg; Matthias von Bornstädt, Timo Grubing: Mein Körper ist ein Superheld. Wie unser Immunsystem Krankheiten abwehrt, 2021| Franckh-Kosmos Verlags-GmbH & Co. KG, Stuttgart: Boris Pfeiffer, Kim Schmidt: Die drei ??? Kids, Turbo-Rennen, 2019|Philipp Reclam jun. Verlag GmbH, Ditzingen: Ursula Remmers (Hg)/Ursula Warmbold (Hg): Allerlei Getier, Gedichte für Kinder, 2013

     47

L5 Bücher lesen und vorstellen

	sicher	teilweise	unsicher	nicht bearbeitet
Name: _____				
… kann Buchcover Textauszügen zuordnen (Aufgabe 1).				
… kann Textauszüge in Verbindung mit Buchcovern verschiedenen Gattungen zuordnen (Aufgabe 2).				

Kommentar / Hinweise:

Detaillierte Hinweise auf mögliche Fördermaßen finden sich in der Handreichung im Kapitel *Hilfen zur Diagnose*.

KV 181–185
Fö 210–212

Illustration: Karoline Kehr